SEA OF POET
— Life is Beautiful Peoples —

시인의 바다

| 발간사 |

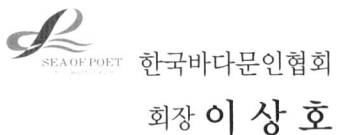 한국바다문인협회
회장 이 상 호

틈새를 헤집고 얼굴을 내민 새싹들 주변이 환하다
탄생의 에너지가 대지를
뜨겁게 달구고
여름 사랑의 결실 열정 꽃의 향연은 바쁘면서 요란하다
사랑의 끈도 닳아 해어져
머금은 수분은 누가 훔쳐 가는지 마른 잎은
떨어져 나 뒹군다
하얗게 몽글몽글 굴러가고 데면데면한 미소 띠며
스스로 순환하는 계절 속의 생명들

작년 2024년 노벨 문학상 한강 작가의 수상
개인의 이념을 넘어서
하나하나 시의 음률이
산을 넘고 강을 건너 바다로 자연스럽게
오대양 육대주를 흘러 흘러 예술의 경지를 오른
한국 문학의 예술 자랑스럽습니다
나이 들어 글과 접하는 인연

글을 쓰는 재미가 솔솔 향기가 납니다
바다는 넓고 끝없는 생명체의 보고입니다
시인의 바다
누구는 고기를 잡고
누구는 시를 낚는
시인의 바다는 영원할 것이고
금년 동인지 23집은 100집을 넘어
세계를 선도하는 K팝 손잡고 이어갈 것입니다
시인의 바다 모든 문우님들
제23집 동인지 옥고 대단히 감사하고
자랑스럽습니다
문운창궐(文運猖獗) 이루시고
워라밸 하세요
드넓은 바다를 향해 서로 손잡고 달려갑시다
감사합니다.

2025년 10월 가을

| contents |

| 발간사 |

| 초대시 |

배 문 석 ································· 9
더 깊은 곳에서는 | 하늘, 우러르다

곽 정 순 ································· 15
누룽지 커피 | 붉은 산 | 여정의 순간 | 빨강의 의미 |
보리밭 | 바다의 시인 | 밤비 | 단절

김 복 녀 ································· 27
시작 2025 | 너의 길 복된 길 | 그녀의 꽃이 필 때 |
동심의 오월 | 하빈4 | 가을, 여름의 끝을 잡고 | 너무
빠르다 | 걱정 말아요 |

김옥영 ····· 37
가을 소리 | 작은 고깔 | 풀벌레 | 도시 읽기 | 여름밤의 유혹 | 희망 | 괴물

김용욱 ····· 49
물길 | 때 | 콩국수 | 화계 정원 모노레일 | 달무리 | 자네 완도 알어? | 바람[風] | 사람도 화초더라

남여울 ····· 59
좁은 방 | 호롱불 | 어머니 | 마음 여행 | 중환자실 | 삶.. 퍼포먼스 | 바람꽃 | 가을 달

문지연 ····· 69
기도 | 빛 항아리 | 그리움 | 곶감 | 슬픈 이별 | 침묵의 편지

| contents |

항심 염기식 ·················· 77
가을 강가에서 | 가을비 내리는 날이면 | 알 수 없어요 |
하나가 되자 | 펴고 쥐고 여닫고 | 지금 최선을 다하라 |
사라지는 것은 | 상처

염은미 ·················· 89
사소한 낭만 | 두 번째 집 | 봄, 벌써 혹은 이미 |
기별(奇別) | 오늘 하루에게 | 독백 | 부재 | 간장게장

이근복 ·················· 99
꽃 따귀 맞고 싶은 날 | 낭이야 미안해(연서) | 그리움 7 |
그리움 8 | 헐렁한 계절 | 속초항 | 6월의 꽃 | 가을비

이기은 ········· 109

부레옥잠 | 물떼새 | 사리(舍利) | 복수초 | 재활용 선고를 기다리는 | 신기료장수 | 등신불(等身佛) | 늙은 마술사

도균(導畇) 이상호 ········· 125

어화둥둥 장과 피부의 통곡의 노래 | 은화과(隱花果) | 민비어천지가(民飛御天地歌) | 꿈은 꾸는 것인가 찾는 것인가 | 바람은 촛불을 끄지 않았다 | 연꽃과 수련 | 달에게 보내 줘 | 거꾸로 거꾸로

청송 이정석 ········· 141

호미의 꿈 | 숯불 | 철길 | 꽃 당신 | 분수대 | 가을 전어와 부모님 | 거문고 | 대나무

시작 노트

나에게 시는 인간의 존재에 대한 물음을 던지는 행위이다.
그래서 시의 존엄을 지키려는 저항이 몸의 기저에서 끓어오르는지 모른다.

시에는 명징성과 은유가 대세 같지만
　　존엄의 저항을 위해 상징적 의미로 통섭할 수 있는 시어로 갈고닦아야 한다.

　　　그것이 시작노트의 본질이다.

　　　　시를 통한 사유의 담론으로 한 번쯤 나를 성찰해야 하지 않을까?

　　　　　생과 사,
　　　　　　나와 전혀 무관할 것 같은
　　　　　　　죽음과 주검이 내 안에서 사투를 벌이고 있다는,
　　　　　　그래서 생에 대한 시적 감응이
　　　　　　　물음에 대한 답으로 현현되어야 하지 않을까?

| 초대시 |

배 문 석

한국문인협회 한국문학관건립위원장, 국제PEN 한국본부 '2016 세계한글작가대회' 집행위원회 부위원장, 한국문예술학술 저작권협회 징계위원 역임.
국제PEN 한국본부, 한국통일문학회 이사, 인문정보화위원회 위원장. 계간 문예작가회 상임이사. 한국문인협회영등포지부, 바다문인협회, 선진문학예술협회, 담쟁이문학 고문. 문학人신문 논설주간. PEN문학, 한국문학신문 편집위원. 현대소설, 월간시 편집인. 계간 문예작가회 기획위원 및 자문위원. 문학과학통섭포럼 상임대표. 시와 늪, 매일신문 주최 대학생논문 심사위원. 한국문인협회 서울지회역대지부회장협의회 부회장, 현대소설작가포럼 의장. 영등포예술인총연합회, 남촌문화예술포럼, 남촌상생협동조합 수석부이사장. 영등포문화원 임원선임추천위원회 위원장. 문학인신문 부설 아카데미 원장.

저서 시집 『詩가 된 물고기 卋上』 『나비, 시를 꿈꾸다』 『황조롱이 날개위에 올라』 『바람위의 집』 『그 물감에 얼비치는 낯 설음』 『격렬비열도 날개 달다』 『시를 팔다』. **칼럼선집** 『인간의 사회적 통섭 조건』 『침묵, 그 깊은 혀의 반란』 『공감과 이해 한 뼘 안의 사색』. **공저** 『겨울나무로 서자』 『하늘을 날으는 물고기』 외 다수.

수상 제1회 경북일보문학대전, 제8회 해양문학상, 국보문학 대상, 계간문예작가상, 대한민국 시인상 금상, 2022 코로나19 예술로기록 선정 작가, 제2회 황토현시문학공모전 입상, 제4회 영등포문학 대상, 2024년 직지콘텐츠 공모전, 제9회 항공문학상공모전, 2025 제6회 아리수문학상, 박경리 토지문학제 디카시 공모 수상.

더 깊은 곳에서는

배 문 석

간밤에 철없는 부고가 낙엽 날리듯 날아왔다
절친 시인이 별이 되었다는 짧은 토막말이
목구멍을 넘지 못하고 크억크억 거린다.
다리도 힘이 풀리고
하늘은 노랗게 물러나고 있었다.

다섯 해 전에는
피붙이나 다름없는 동생이 하늘로 갔다는 전화가 왔다.
가슴이 휑하니 뚫리고
갈피 모를 허무가 밀려왔다.

몇 년 전인가
고향 선배가 또 별이 되었다는
타계 소식이 손아귀에 쥐어졌다
가슴이 먹먹하고 몸 전체가 흔들렸다

삼십 해 전에는
집안의 하늘인 큰 형님이 목전에서 세상을 달리했다.
앞이 까마득히 매몰되고
온몸이 무너졌다.

모두가 생때같은 목숨들이었다.

그런데 나는 죽을 고비를 몇 개나 넘어왔는가.
삼 년 전에 눈에 보이지도 않는 바이러스 때문에
죽음 앞에서 도망쳐 나왔고
한 해 전에는
듣기도 생경한 못된 종양으로부터
저승사자를 떼어내 버리고 도망쳐 나왔다.

그런데 이번에는
교통사고로 무릎에 심한 상처를 입었다
머리가 아스팔트에 닿았다면
무슨 변고가 날지 모르는 아찔한 순간이었다.

아무리 생각해도 나는 초인인가 보다.

밤이 죽지에 고개를 묻고 어둠의 날을 새우듯
나는 하루를 천년으로 여기며
오늘도 온몸을 다듬고 있다.

하늘, 우러르다

후드득후드득 낙화하는 저 슬픔들
자근자근 두들기는 저 상심들이
구름 물고 물길을 내고 있다

때로는
퍼붓듯 쏟아내는 아우성도
시내를 이루고 강으로 포개지면
아량의 가슴팍으로 마침내 바다가 된다

심기 상한 이들 달래며
흘러가는 저 줄기 줄기들은 순하다
흘러가는 그 순한 마디에

나는 몇 번이나
감동에 젖어 눈물을 쏟아보았는가
나는 몇 번이나
슬픔에 쌓인 가슴을 밤새도록 씻어내 보았는가,

우러러 보건대
아침이 시나브로 여명을 밟고 열려오듯
침묵은 깊고 가없다

허공에 걸린 거미줄이
이슬 한 방울로 맺히기까지
묵상으로 하늘을 걸어 두었다는 걸

밤새
하늘이 내려와 영글었다는 것을,
눈물과 빗물이 같은 물길로 감응했다는

시작노트

바다문인협회에서 출항하여 김삿갓 축제를 선두로
시화집 출간 『시인의 바다』 『시와 그림이 있는 풍경』
문효치 시인의 『바람 앞에서』 시낭송을 하던 2005년

어언 22년의 세월을 머금고 발돋움을 한층 돋우어 가는
문인으로써 더불어 함께 지지고 볶다 보니
어느새 23집으로 동인지 출간을 기대하게 되네요
우리는 소중히 이어갈 인연입니다.

곽정순

2018년 수필 등단
한국바다문인협회 회원
현대 문학 사조 회원
수지문학회 창간호 동인지 참여
시집 『詩響에 대한 반항』 출간

누룽지 커피

곽 정 순

훌쩍 떠나 찾아가고픈 사람과 자연이 공존하는 여유로운 전원 풍경
들꽃과 풀향기 폴폴 날리는 그곳에 가고 싶다

시골로 접어든 길을 한참 달려서
마침내 쥔장이 개발한 구수한 수제커피와
옆지기가 구워낸 빵을 먹으며 시골편지를 읽는다

편백나무 벽에도
이층집 담벼락에도 시인이 자연을 사랑했던 말이 덩굴로 오르고
언젠가 상상하던 전원의 꿈을 그려보았다

작은 읍내 장터를 돌며
먹거리 군것질에 행복했을 꿈은
도시의 장벽을 넘지 못해
도시에서 자란 삶을 버리지 못해
터덜거리며 돌아와 꿈을 꾼다

아직 놓지 못한
누룽지 구수한 맛, 커피와 만나는 날

붉은 산

신류산 용연못에 나그네 지나거든
우물가 두레박에 나뭇잎 배 띄워 볼까?
가는 세월은 한번 가면 오지 않네

떠오른 얼굴 잊은 듯 가물거려
숨 가파르게 푸른 날 가기 전에
쭉정이 콩깍지에 불이라도 지필까?

불씨 한 톨 지피지 못한 소갈머리
밴댕이에게로 주어버리고
단풍잎에 쓴 낙서에 놓아둔 정
훠이 훠이 낙엽이라도 태워 볼까?

정작엔 보내지 못한 이 마음일랑은
붉은 해 산허리에 다홍치마 걸쳐 놓고
훠이 훠이 불이라도 지를까 보냐

여정의 순간

어떠한 이변이 있어도 지구는 돌고
시간은 가고 있어
지구의 원심력은 흔들리지 않고 붙잡아 두는 마력이 있지

마음만은 흔들리지 않는 철든 성숙이 깃들어 조신해졌고
석양 앞에 나란히 서서 미래를 생각하는 나이가 되었어
빛나는 태양계를 여행하는 마음으로 하루하루 신께 감사하며

시들지 않는 꽃으로 남고 싶다
미지를 여행하며
시야로 들어오는 정글의 야성에 목말라
먼 타국의 정서를 보여주는 유튜버 유저는 현대 사회의 위대한 탐험가다

여행지를 함께 걸으며
가감 없이 부르짖는 젊은 모험의 착상 속에서
설레는 마음의 흔들림에 늦은 발로를 들춰 새로움을 북돋우어 보았다

인생은 다 그런 거야!!
자책 어린 위로는 부질없는
매사에 허무하고 덤덤해지는 위로였다

현실이 된 삶에 묻혀
신을 위한 모험심은 허물어졌고
인생의 끝자락에 놓인 잃어버린 젊음이 아쉽게 다가왔다

지금도 늦지 않았다고
다시 시작하는 처음을 향해 도전하며
끈기 있는 다짐으로 예순의 끝자락을 다독여 엮어 본다

빨강의 의미

아버지는 빨강을 좋아해
내게 빨간색 바지를 사 주셨지
자애로운 축복 역동의 색깔
따뜻하고 다정한 인정 많은
성격도 닮은
나는 아버지를 닮아 빨강을 좋아해
엄마는 붉은 사과의 달콤함이 좋다고 했지
우린 너무 어려서
피가 붉어야 한다는 걸 이해하지 못했어
언니는 주황색이 좋대
주황색을 좋아하진 않았지만
밝은색이라며 언니는 말했어, 같은 따뜻함이라고
언니를 졸졸 따라다녔어
오밀조밀했던 하루의 일상이 밥상에 둘러앉아
재잘거리는 저녁
어머니의 손맛 사랑은 빨간색 김치였지
힘든 고달픔도 든든한 배부름에 잊게 돼
터벅거린 삶을 다정으로 생기 얻는 저녁
다독여 가족이라는 한우리에
둥그런 밥상도 붉은색
웃음꽃 피는 저녁 밥상도 빨강의 행복

보리밭

인연 없어 바람맞은 날
온기 없는 커피를 쓸쓸히 마시며
회상의 들녘에 마음을 싣는다

황금물결이 일렁이던 하늘에
구름 사이로 해가 보이던 날
어느 사랑이 뭉개고 간 밭두렁에
숨바꼭질하던 아이가
깜부기 입에 물고 들켜버린 날

밭 주인의 호된 훈계에
검게 묻은 입술로 울먹여
눈물 훔치다가 민망하기 짝이 없던 날…

보릿고개 배고픈 시절 되돌아보며
떠오른 동심으로 돌아가 회상하니
그 오월의 보리밭엔 탐스런 알곡들만 바람에 일렁인다

바다의 시인

저 넓은 바다가 파도칠 때는
그대 마음인 줄 알았습니다

파도가 해변으로 밀려와 부서질 때는
그대가 보내온 소식인 줄 알았습니다

밤하늘 별들이 반짝일 때마다
그대가 보내는 눈빛인 줄 알았습니다

등대 불빛이 반짝일 때마다 만선에 기쁨 안고
그대가 돌아오는 길목인 줄 알았습니다

먼 먼바다에 그대가 살고 있는 것을
폭풍이 몰아치는 어느 날에 알았습니다

그 바다가 뼈를 깎고 정신을 무너뜨리면
그대가 지쳐가고 있다는 것을

파도에 밀려온 모래알만큼 많은 이야기가
바다의 시련 속에 부서지고 깎여진
그대 눈물의 진주였다는 것을
이제는 알았습니다

밤비

어둠이 내린 저녁
추녀 끝에서 떨어지는 물방울 사이의 거리는
너와 나 사이만큼이나 멀다.

감정의 소용돌이는 좁혀지지 않고
감성이 담긴 너그러움은 결코 쉽지 않으니
너는 쏟아내고
나는 바라본다.

먹먹해진 내게
통곡하는 너는
푸념 어린 우울을 머물게 할 뿐
오랜 공황증을 멈추게 하는 위로는 아니었기에
그저 바라만 본다
빗소리 속
어둠으로 막힌
저 긴- 밤의 여로…

단절

서로에게 필요했던 것이 감정의 오해로
믿음이 사라지면서 시작되었다.
벽을 쌓아 소통이 필요 없는 관계
관계의 열정이 타오르다 맥없이 사그라들고
삭막해진 검은 어둠 속에서 불모지처럼 변해버린 것이다
예전에는 아름다웠던 감정의 흐름이 멈추고 식어버려
화석처럼 굳어진 자리에는 다시 갈 수 없는 통곡만 흘러
깊이를 재어보지 않기로 한
그 굳어진 덩어리의 암석처럼
차갑게 등을 돌린 이타심
되돌리기엔 이미 멀어져 간 소통의 관계
애증의 그리움과 늪으로 빠져버린 목맨 안타까움이 남았다
타오르지 않는 화산
심연으로 꺼져가는 용암처럼
가슴 깊은 한쪽에 남은 불길로 어이할까.

시작노트

해가 갈수록 뭐든지 어려워짐을 느낍니다 때로는
노안으로 인해 잘 보이지 않아서 짜증도 납니다
　하루하루 더하겠지요
　　그때마다 나 자신을 위로하고 칭찬을 아끼지 말아야겠습니다
　　　'잘 살았다, 애썼다, 널 축복한다'고
　　　　항상 건강하게 편안한 마음으로 삶에 대한 진지함을 배우겠습니다
　　　　　저를 아껴주시고 응원해 주시는 모든 분들께 감사드립니다.

김복녀

충북 옥천 출생
『문학세계』 시 · 수필 등단
(사)한국문인협회 회원
문학세계 문인회 회원
한국바다문인협회 정회원
시의전당문인협회 정회원
정형시조의 美 회원

시작 2025

김 복 녀

햇살에 눈부신
뜨겁지도 차갑지도 않은
겨울을 걷는다

한생을 살고 떨어진
낙엽의 집합체인 거리에서
그 위를 걷는다

삶으로 왔다 사라져버린 날
시침질하듯 한 땀 한 땀 꿰어가며
숫자 위를 걷는다

소소하게 다가온 오늘
내일을 기다리는 설렘으로
감사의 하루를 걷는다

너의 길 복된 길

깡으로 버틴 세월
틈새도 없이 일을 했다

언젠가 투덜거렸어
몸이라도 아파 병원에서 쉬어갔으면
좋겠다고

병실 창밖으로
다양한 사람들의 예쁜 모습이
따뜻한 미소로 다가온다

아 그래 맞아
병원에서의 쉼보다
건강해 일할 수 있는 게 감사한 거야

애써 살아온 너의 삶을 위로하고
건강하고 평안한 삶이 되길 축복해

"다시는 병원 갈 일 없을 거야"

그녀의 꽃이 필 때

10여 년의 겨울은 추웠다
영하 10도를 오르내리는 추위에도
집안의 온도는 늘 16도였다
조금만 더 견뎌보자

평생 허리 한번 펴지 못할 것 같았던,
겨울을 견디던 고목은
상큼한 봄의 기운으로
작디작은 숨통을 텄다

앙증맞은 아이의 입술을 닮은 곱디고운 몽우리 속에서 들리던
따뜻한 동백의 심장 뛰는 소리
활짝 연 가슴으로 깔깔 웃는 산수유

하나씩 무리 지어
고개 드는 생명의 위력은
억척을 부리던 삶의 마당에도
통증을 밀어내며 싹을 피웠다

황량하던 내 그림자에도 봄을 입혔다

동심의 오월

고향이 보고플 땐
바람을 따라간다

마당에 널려 있는
낯익은 옷가지들
초록향 보리밭 숲은
술래잡기 놀이터

열심히 뛰어놀다
온몸이 젖어오면
시냇가 물놀이에
신이 난 죽마지우

기차는 아이들 함성
소리 맞춰 달린다

하빈4

아침에 일어나면 머리맡에서
작은 손을 잡고 앉아 있는 널 본다

하빈아 부르며 잘 크고 있지
하빈 이름만으로
설레고 또 설레는 마음은
시간이 지나도 계속 이어지지

이 따뜻함과 설렘으로
하루를 살고 또 내일을 준비한다

가장 좋은 선물
네 엄마가 내게로 왔고
넌 네 엄마한테로 왔지
선물을 풀어볼 때마다
기쁨과 즐거움이 파도처럼 밀려오는
하빈 넌 지지 않는 꽃이란다

가을, 여름의 끝을 잡고

몽환의 꽃이 피었다
은은히 흘러나오는
향기를 끌어 안아본다

아주 아주 오래전 그대의 형상이
미소를 띠며 저벅저벅
심연으로 들어왔다

잔잔한 바람이 일었다
열 손가락 마디마디에 뛰는 심장을 얹었던,
잊히지 않는 생경한 사랑의 꿈

달달한 커피 한 모금 물고
그대를 향해 뻗어보는 마음

폭염과 함께 사라지는 여름의 향기
얼음 잔 위로 둥둥 떠오를 때
가을이 멀리서 오고 있음을 알았다

너무 빠르다

오가는 길에 모과 한 그루
오며 가며 하나 둘 셋 넷
열하나 열둘 … 열여덟
어느 날은 열일곱 여덟
청량한 날은 삼십여 개가 넘었다

점점 자라
출렁이는 나뭇가지에
힘겹게 매달려있는 모과

세찬 비바람에 떨어진
모과의 속은 빛을 잃었고
모체의 모과는 노랗게 익어간다

가을 들녘 시계의 추는
색색의 아름다움을 데려오고
삶에 지친 마음을
여유로운 향기로 익어가게 한다

걱정 말아요

건강검진 하는 날
신호를 기다리는
횡단보도 저편에서
건강한 아침 해가 웃고 있다

딱히 불편한 곳도 없는데
병원 가는 길은 늘 환자가 된 느낌
겁먹은 몸은 움츠러들고
쿵쾅 쾅 뛰는 심장 맥박 혈압이 올라간다

부디 아무 일도 없기를
반짝반짝 빛나는 아름다운,
정신과 육체가 빛을 잃지 않기를
수없이 소망해 보는

오늘은 맑고 깨끗한 날이다

시작노트

나도 빛이 되고 싶었다
더 이상 숨고 싶지 않았다
　어둠 속에서도 소망을 잃지 않는
　　반딧불이처럼
　　　시는 작디작은 나의 반딧불이다

김옥영

2019년 한국바다문인협회원
2025년 한국바다문인협회 사무국장
2020년 제18집 『망초꽃 사랑놀이』 외 동인지

가을 소리

김 옥 영

광명수산 횟집에 둘러앉아
집 나간 며느리도 돌아오게 한다는
전어구이를 뜯으며 가을을 이야기한다.

어릴 적 이맘때쯤이면 아버지는 장에서
전어를 사 오셨다고
그런 날이면

애야, 막걸리 한 주전자 받아 오너라

촐랑촐랑 노란 주전자를 흔들며 달려가서
가득 담아준 막걸리를 홀짝홀짝 마시고는
들킬세라 샘물을 한가득 채워 넣었다고

화로 위 전어에 흩뿌려주는 굵은소금이
숯불에 닿는 순간
타닥 타다닥 자글자글
톡톡 터지는 소리

오늘은 막걸리가 싱겁네 하시며
너도 한잔하거라
어린 막내딸에게 따라 주셨다고

해는 넘어가 어스름해지고
초승달은 새초롬하게 실눈을 뜨고 있던
그 마당의 그 소리는 가을의 소리라고

작은 고깔

샌들을 신었다
좀처럼 남의 눈에 띄지 않았던
발가락이 하얗다
홀딱 벗고 나서는 것 같은 부끄러움
숨어 버리고 싶다

뉴기니의 어느 부족은 고깔 하나로
모든 사회적 예의를 갖췄다지

분홍색 매니큐어를
엄지발톱에 펴 바르고
투명한 것으로 한 번 더
발톱에 화장을 한다
화사하게 덧칠해진 발톱 하나로
멋진 드레스를 차려입은 것 같다

샌들을 신고 걷는다
분홍색 발톱이 반짝반짝 빛을 낸다

풀벌레

상추를 손바닥에 올리는데 튀어나온 벌레
깜짝 놀라 잽싸게 낚아채어 냅다 던지려다
순한 연둣빛에 힘을 풀었다.

순간적으로 움켜쥔 손아귀에서
다리가 부러진 건 아닌지
살펴볼수록
손안에 잡힌 풀벌레는
보고 있으니 있는 것이지 없는 것과 같다.

놓치면 다시 잡을 수 없을 것 같아
손안에 놓고 순한 눈빛을 마주한다.
살짝 힘만 주어도 부러질 것 같은데
그 많은 여정에서 어떻게 살아남을 수 있었는지

베란다 너머로 떨궈주며
절뚝이지 않기를 절뚝이더라도
꼭 살아주기를

도시 읽기

문래역 방향으로 가서 1호선으로 환승해야 했지만
반대 방향인 대림역으로 가고 있었다
네이버 지도에 다시 물으니
출발지와 멀어서 안내해 줄 수 없단다.
꼭 필요한 순간 도움이 안 되는 법칙
순간 커다란 도시가 검은 입을 벌리고
잡아먹을 듯 덮쳐 온다
다급하게 되돌아가야 할 길을 궁리하다
다음 역까지도 지나쳐 버렸다
질질 끌려다니는 아득한 상상
기호를 잘 읽어내야 한다
해독해 내지 못하면 가야 할 곳이 아닌
가고 싶지 않은 출구로 원치 않는 퇴장을 해야 한다
운동화 속 발가락까지도 바짝
신호를 더듬으며 따라가는데
속옷 가게 앞에서 갑자기 사라졌다.
놓쳐버린 끈을 찾아 촉각을 세우지만
있어야 할 길이 없다
아무것도 없을 것 같은
막다른 곳일 것 같은

헛짓인 줄 알면서도 혹시나 싶어
벽으로 보이는 모서리에 가까이 가자
느닷없이 나타나는 또 다른 통로
촉만으로는 찾을 수 없는
미로가 도시에 숨어있다

여름밤의 유혹

눈에 들어오는 몇 개의 별자리
마당 끝자리 멍석을 깔고 앉아
뿌려진 별빛보다 많은 수다를 풀어놓으며
이 여름밤이 지나지 않기를
카시오페아, 큰곰자리, 작은곰자리, 직녀성
별자리마다의 전설을 찾아 새겨 넣었다

8월 중순만 되어도 싸늘한 공기에
내려앉은 이슬로 덮고 있던 이불까지 축축해
버티고 버티다 멍석을 말아야만 했던
스스로 이상하다 생각될 만큼의 깊은 상실감

몸은 일어섰지만 나는 여전히 그곳에 있어
텅 빈 나로 살게 될 것 같은
마당을 사이에 두고 있는 두 개의 다른 세계

그 여름밤이 그리워
돗자리를 펼칠 수 있는 자리를 찾게 된다

희망

모든 이들이 아니라고 해도 믿고 싶을 때가 있다

"그렇게 오래 일을 해보고도 그런 걸 못 알아봐"

핀잔인지 걱정인지 동료의 말에
믿고 싶었던 이유를 일일이 설명하기도 어려워
애맨 발끝에 힘을 주며 더 깊이 감춘다
그러면 그럴수록
표정은 사라지고 움직임은 굼뜰 수밖에 없다
몸은 이제 녹슬었다
잘못된 선택에 대한 대가는 치러야 한다
주머니 속 카드를 만지작거리며
종종대는 비둘기를 보며 담배 한 대를 문다
현기증이 나도록 깊이 들이마시다 내뱉는다
밑창에 지그시 눌린 꽁초를 주워
쓰레기통에 밀어 넣고
마스크를 올리고 모자를 눌러쓰며
골목을 향해 걸어간다
골목길의 끝 시각은 늘 막다르지만
언제나 그랬듯
다른 길과 연결되어 있다

괴물

이른 아침 출근길
저 앞에서 사람이 걸어온다

'뭐지'
이마에 입이 달렸다
에이 아니겠지
헤드랜턴을 쓰고 오나
어, 아니네
뭐지, 뭐지, 뭐지…

나의 모든 기억의
조각들이 맞춰지다 무너진다

더 또렷이 보기 위해 눈을 모은다
가까워질수록
입이 있어야 할 자리에 입이 없다
저것이 무엇인지 알 수 없다고 확인된 순간
점점 더 커져가는 두려움을 꾹 누른다
되돌아 도망가고 싶지만
아무렇지도 않은 척

걷는 속도를 늦추며 천천히
주위를 둘러봐도
놀라는 사람은 아무도 없다

가까워지는 괴물은
커다란 헤어롤로 앞머리를 말고
검은 마스크를 쓴 여인

괜찮아 처음 봤던 키오스크도
다루지 못할 괴물로 보였었잖아
나는 세상 변화를 못 따라가는 게 아니야
나는 노안일 뿐이야
안경을 바꾸면 돼

시작노트

두려워 마라

포기하지 마라

후회하지 마라

가슴 깊숙이 새겨 놓고 살아가지만

어디 그렇게 살아집디까?

그래서 오늘도 부싯돌만 탓하며

날을 세웁니다.

김용욱

한국문인협회 대외 협력위원(전)
한국문인협회 지회지부 발전위원(전)
강서문인협회 부회장(전)
한국문인협회 회원
한국바다문인협회 고문

물길

김 용 욱

쉼 없이 순리 따라
흘러가는 물길

곡선으로만
살아가는 물길

그러나
각지게만 살아온 나의 길

넥타이를 풀고 물가에 앉은 사색이여
모르는 채 미소만 짓는 커피 향기여.

때

누구도 침범할 수 없게
사나운 철통 보안 해 놓고

햇살이 환호하는 절기
절로 옷고름 풀어버린

순결 그 반질반질한 빛깔
밤송이도 도리 없는 때.

콩국수

고향이 파주 장단인지
저기 전라도 무안 바닷가
해풍 드는 밭뙈기인지 몰라도

늘 목젖을 두어 바퀴 감아
감칠맛 나게 넘겨버린
능란한 업어치기 기술에
난 못 살것다

침샘을 참기름에 볶은 듯
영혼이 행복에 지쳐 버린 고소함이여

국물 한 방울조차 남길 수 없어
실눈 뜨고 옆 사람 눈치를 보는 고뇌여

이 사람 어쩌란 말이오.

화계 정원* 모노레일

뭐 그리 급할 것 있는가
유유자적 사는 게 남는 장사 아닌가

굽이굽이 굴곡 넘나들며 살지만
죽자 살자 두 레일 꼭 보듬고 살지만

일편단심 살아갈 질긴 혈연인데
팔자대로 살아 가야제 어쩌겠는가

숨넘어가기 전엔 정상 오를 것이니
개성시 송악산 신령님께

느리지만 꼭 찾아봬 올 날 있을 것이라고
큰절 올리시고 걸어서 내려가시게.

*화계 정원 : 강화도 교동도 소재.

달무리

혈맥으로 엮은 질긴 끈이 사무쳐
그리움 지친 눈물로 짓무른

저 나라
울 엄마 눈빛 아닌가

오늘 밤 꿈결에라도
다녀가 주소서.

자네 완도 알어?

쫄깃한 정성으로 참기름 바른
붉바리회 한 접시가 완도를 닮아
마늘 냄새 풍기며
다짜고짜 들이대는데

굵고 보드란 뱃고동 소리
긴 박자로 두어 번 뱉어낸 후
새로 채용한 외 갈매기 보초병
뱃머리에 세우고

만선의 희망을 악보로 그리며
통발일랑 각 잡아 세워 묶고

그물이며 주낙은 잘 사려놓고
미끄러지듯 항구와 작별하면

갯물 젖은 아줌들 정 질펀한 가슴도
하루 노고를 하트로 달래주는 주도*의 배려도
간간이 숨어 들어온 제주 방언일랑 재껴놓고
모두가 완도를 섬기고 산다네.

*주도 : 하트 모양의 완도항 앞섬.

김용욱

바람[風]

보이지 않은 바람
느낌으로 알 뿐

내 모든 비밀을 알면서도
입 꾹 닫은 무게로

엄동을 밀쳐 꽃망울 틔운 그 큰 공도
절대로 내지 않는 생색

입이 무겁고 배려가 깊은 사람
바로 너 같아.

사람도 화초더라

오대산 하산 때 마주친 그녀
내려갈 걸 왜 그리
힘들게 올라가냐고 물었더니

심장 터질 듯한
숨 가쁜 호흡으로 그려낸
벙근 입술에 걸린 하얀 윗니

미소는 그리도 예쁜 꽃이요
그 가슴은 단단한 뿌리였다.

시작노트

붓끝에 피어난 꽃, 향이 있으랴만

이름 없는 들풀에 기다림 일러주는

  한 방울 이슬이면 좋으리

    하루를 곱게 물들인 노을이면 더욱 좋으리

남 여 울

월간 『문학세계』 시 등단
한국문인협회 회원
한국바다문인협회 정회원
Daum 카페 〈시인의 바다〉 지기
동인지 『이유가 없는 삶이 아름답다』 외 다수

좁은 방

남 여 울

슬픔이 파란 창가였다
탁자 위에 쓰러진 방바닥은
컴컴한 내 몸만큼의 지구였는데
풀 한 포기 자라지 않는 음흉스러움으로
젖어 흘러간 자국만이
하늘에 구름으로 떠 있다

아, 덜 죽은 자의 창가에서
어둠 속에 찾아가는
좁은 방의 문에는 오늘도
마른 잎만 차곡히 쌓여간다

호롱불

쓸쓸한 텅 빈자리엔
호롱불 하나쯤 켜 두거라

빛이 쇠하여서
보는 이가 없더라도

어둠에 버려져 있을
그 미물을 위하여

어머니

적막 깊은 산자락
길게 누운 노을이
제 속살보다 붉은 각혈을 한다

삶의 밭이랑에
깊이 묻어둔 실타래

마디마디 핏빛 설움
풀고 풀어도
겨울밤처럼 차고 길어서
어머니 눈물 골엔 풀씨 하나 없다

마음 여행

더딘 세월에 조바심 널어놓던 언덕에 올라
하얗게 돋아난 귀밑머리에 피식,
웃음 흘려도 좋은 날
흘러간 노래 길 잡혀 여행을 떠난다

울적한 심사 아랑곳없이
햇빛은 자지러지게 밝아서
풀썩거리던 눈물을 말려 주었지
가난은 죄가 아니라 불편한 것뿐이라고
억지 부리며 허허 웃던 오만이
하루치 양분이었던 날들

세상 잣대에 성큼 올라서지 못했어도
삶의 가장자리에서 다독여 주던 빛 눈부시다
오늘도

중환자실

하얀 거울 속에
영겁 기슭으로 오르는
계단이 있다

물구나무선 자명 등 밑에서
깜빡이는 목숨
일어서라
일어서 침상을 들고 걸어라
마음뿐으로 사무치고
허공으로 내딛는 걸음 위에
달빛이 차다

하얀 거울 속에
지나온 고단한 삶의 키만큼
길게 뼈가 눕는다

삶,. 퍼포먼스

사람아
걷다 보면 돌부리에 걸려 넘어질 수 있고
냄새나는 웅덩이에 빠질 수 있는 것을
인생이 어찌 늘 자음 모음 가일까 보냐
하늘을 넘보지 않으면 큰비에 상처 날일 없고
제자리 보존하고 이탈하지 않으면
마음 사치에 도태되지 않음을
개벽하듯 다투어 피는 들풀을 보라
해충이 날아와 슬그머니 알을 쏘면
지혜롭게 흔들리고
일변 끙끙거리며 아픔을 이겼기에
한 계절 꼬옥 쥐는 것을····
사람아
행복을 거창한 틀에 맞추지 마라
삶의 대제목이 만점이라면
퍼포먼스도 본문에 넣어야 한다
세상에서 가장 행복한 일이
사는 일 아닌가

바람꽃

문풍지 통증으로 떨리던 바람
어느 펄럭이는 아침이 될까
맵도록 익어야
차갑게 벙그러지는 웃음
진실하였는가, 오늘
누더기 삶일지라도 기운 자리마다
쓰리고 아픈 자리는 아닐 테지

슬픔이 하얗게 드러나는 날.

가을 달

어찌 그러합니까 자지러이 울면
수만의 잎새로 돋아나 그대 홀로 섧게 울면
나 어찌하란 말이요
새벽별 허리춤에 매달고 떠난 님이야
한 점 풍경도 못 되는 바람일 뿐이오

스르르 달을 향해 미끄러지는 그리움
어느새 곤히 잠든 강물에
먹빛 눈물 파장이 인다
그새 누가 쓰디쓴 아픔을 토했나
숨죽여 울먹이는 그리움

웃자란 풀잎처럼 너울대는 가을 달
그대 그리 울어대면
꺼억대는 내 속앓이
뉘에다 털어버릴까

시작노트

늘 늦었다고 생각했지요
무언가를 시작하기엔
   이미 지난 꿈이라 생각했지요
   한 발을 내딛기에는
     그러나 반짝이는 작은 모래알이라도
     되기를 소망해 봅니다

문지연

한국바다문인협회 정회원
인천 팬플룻 앙상블 단원
공저 『이유 없는 삶이 아름답다』 외 다수

기도

문 지 연

늘 푸른 소나무처럼
한결같은 마음을
자신이 맡은 일에
정성을 다하는 성실함을
어떤 모양으로든 관계 맺는 이들에게는
변덕스럽지 않은 진실함을
숲속의 호수처럼 고요한 마음을
하늘을 담은 바다처럼 넓은 마음을
사랑의 심지를 깊이 묻어둔 등불처럼
따뜻한 마음을 가을들녘 볏단처럼
익을수록 고개 숙이는 겸손한 마음을
지금 이 순간 살고 있음에
느낄 수 있음에 사랑할 수 있음에
늘 감사하며 살게 하소서

빛 항아리

참 좋은 당신이 있어 마음이 밝아집니다
사소한 일상을 나눌 수 있는
당신이 있어 힘이 됩니다
굳이 애쓰지 않아도
굳이 말하지 않아도
소리 없이 쓰다듬어 주는 물결로
곁에 머물 수 있다면 좋겠습니다
문득문득 생각나는 당신은
나의 빛나는 보물

무지개 빛 항아리!

그리움

지금의 나 너를 그리네
세월의 사립문 여니
멍든 가랑잎 앞세우고 기웃거리네
세월이 흘러도 흐르지 못한
얼어 버린 강
아무리 지워도 지워지지 않는
봄날의 기억
내 속에 잠들어 있는 너
내 기억 속에 깨어 있는 너

곶감

내 안의 꿈꾸는 날갯짓
살포시 누름돌 얹으며
바람 불면 키를 낮추고
아무도 모르게 가시를 키우고
안갯속 계절을 밀어내었네
떫고 떫은 날들이 회상의 마당에
하나 둘 널리고
세월의 바람에 스치고 스쳐
다디단 곶감이 되어 간다
햇살 좋은 날 기억의 마당에서
곶감 하나 꺼내 문다
아!
삶이 농축된 달콤함이다

슬픈 이별

사람이
가까워지기는 어려워도
멀어지는 건 순간이었네
그 마음 속속들이
들여다볼 틈도 없이
그 사람의 향기…
느껴볼 틈도 없이
사람이
처음엔 봄 햇살처럼 따스했는데…
멀어진 인연의 끝자락에
서늘한 어둠이 드리워지네

침묵의 편지

그대에게 하고 싶은 말
흐르는 강물 위에 써
보았습니다
그대가 보고 싶다고
그대에게 하고 싶은 말
스치는 바람결에 속삭여
보았습니다
그대가 그립다고
그대에게 하고 싶은 말
노을 지는 하늘에
붉게 타는 마음으로
써 보았습니다
그대는 아시는지요?
이 침묵에 사랑의 언어를...

시작노트

물빛 소망들이
하나 둘 기억 저편으로 사라질 즘
휑한 가슴 빈자리에
미완의 그리움이 솟는다
그냥 두고 떠나기가
너무 아쉬워 끄적끄적
또 하나의 흔적을 남긴다.
인생 그것은 그리움이어라.

항심 염기식

논산 은진 성덕 출생
『다온문예』 시 등단
한국바다문인협회 회원
문학애작가협회 회원
『다온문예』 홍보위원
공저 『이유가 없는 삶이 아름답다』
　『초록이 가을을 만나다』 외 다수

가을 강가에서

항심 염 기 식

가을 햇살 취한 초록에
그리움 베인 바람이 스친다

어제도 오늘도 부는 바람이지만
계절에 따라 느낌이 다르듯
생의 한가운데 오가는 감성도
시시각각 변화하며 가슴을 흔든다

유유히 흐르는 강물을 보며
평온을 갈망해 보지만
작은 미동에도 요동하는
이름 모를 그리움이 자리한다

세월 따라 강물 따라 흘러가는
여여한 모습도 좋으련만
실타래 꼬이듯 꼬인 세속의 일들

어디부터 풀고
어디부터 손을 써야
흐르는 강물의 여유를 안을 수 있나

햇살이 머무는 수면 위에
윤슬은 그리 곱고
바람에 살랑이는 갈대는
가을의 여유로움을 전하는데

세상일 끌어안은 상흔의 가슴엔
고독한 그리움이 저미어 밀려온다

가을비 내리는 날이면

시린 그리움이 범벅되어 떨어지나
한 맺힌 사연들이 비 되어 떨어지나
추적추적 가을비가 내린다

왠지 왈칵 눈물이라도 쏟고 싶은 회한의 지난날들
정신없이 달려온 종착지에

허무인지 그리움인지 모를
미완의 상심들은 집요하게 마음을 헤집는다.

알 수 없어요

나무는 그 자리 그대로 서 있는데
계절이 바뀌니 변했다 한다
같은 맘으로 사는데
처지가 바뀌니 변했다 한다.
내가 변했나 세상이 변했나
허허 모두가 변한 거겠지

하나가 되자

낮과 밤은 빛과 어둠이지만
둘이 모아져야 하루가 된다
마음과 마음도 서로 다르지만
두 마음이 합해져야
한마음이 된다.

경계가 무너지고
허물어져야 하루가 되고
한마음이 되듯
빗장이 무너져야 하나가 된다

허물자 없애자
허물면 편해지고
없애면 자유로운 것을

나를 없애고
모두를 들이니
행복의 강이
넘실대며 춤을 춘다

펴고 쥐고 여닫고

손을 펴면 마음이 열리고
손을 쥐면 마음이 닫힌다

마음을 열면 행복이 보이고
마음을 닫으면 슬픔이 보인다
오늘도 우리는
생각이 머무는 곳에서
펴고 쥐고
여닫으며
생의 순간들을 그렇게 엮어간다

열면 넓어지고 사랑이 보이는데
우리는 쥐고 힘들어 바둥이고
닫고 답답해 불평만 해댄다.

펴자 열자 그리고 하늘을 보자.

지금 최선을 다하라

탓하지 마라
운이 없다고
핑계 대지 마라
최선을 다했다고
후회하지 마라
지난 일들이 의미 없다고

중요한 것은 지금이다.
탓하는 오늘의 모습이 내일의
내 모습이고
핑계 대는 오늘의 모습이
내일의 내 모습이요
후회하는 오늘의 모습 또한
내일의 내 모습이 될 것이다

지금 이 순간에
최선을 다하는 것
이것이 진정한 가치이다.

사라지는 것은

영원한 것들은 두렵지만
사라지는 것들은 아름답다

영원한 것들에 사랑이 없지만
사라지는 것들에는 사랑이 있다

영원한 것들은 변함도 이별도 없지만
사라지는 것들은 변하고 이별을 한다

인간은 사라지는 것이기에
변하고 사랑하고 이별을 한다
유한한 인생이기에
우리는 변하고 사랑하고 이별하며 살아간다.

상처

흐른 듯 간 듯 지나간
깊은 상심의 골짜기에
시나브로 쌓인 세월이
횅한 가슴을 헤집는다

해거름 저녁이 돼서야
살아온 날 보다 살아갈 날이
가까이 있음을 알았다

피고 지는 꽃들 유희마저
지난 세월의 자락을 붙잡고
상흔의 가슴을 흔들어 댄다

뉘엿뉘엿 저무는 하루가
허무의 강가에서 서성일 즈음
가슴에 마음에 쌓인 슬픔의
조각들이 고독의 강을 만들고

고독한 영혼의 아픈 얘기는
부질없는 메아리가 되어
화려한 도심 속에 비틀거린다

시작노트

언제부터인가

결실을 더 하는 삶을 살아가려

애쓰고 있다

나이 들어감에 의미가 부여된 일을

남긴다는 것

스스로 깊은 위로 건네며

곱게 물들어

알차게 빚어가는

내 인생의 오후를 글로 풀어본다

꽃의 이름을 부를 때

얼마나 설레는가

시인의 바다 23집도 마찬가지다

염은미

인천 출생
사)한국다온문예 등단
한국바다문인협회 부회장
한국바다문인협회 회원
글빛 작가회 회원
공저 『이유없는 삶이 아름답다』 외 다수

사소한 낭만

염 은 미

더운 바람에도 아랑곳하지 않던 풀잎들이 흔들리며
어제와는 사뭇 다른 바람결에
견뎌낸 시간들은
옅어지고 짙어지고
다시 흐르다 여물어 간다

어디쯤 있는지 몰라도
떠나간 것은
떠나간 대로 잊으며
맞이할 것은
흐르는 대로 맞이한다

치열했던 여름
기억 저 끝에서
아직도 여전한 열기는
미련으로 남고
이 가을은 무엇을 할까
나의 가을은 이랬으면 좋겠다는
한 가닥 기대라도 잡으며
혼자 부르는
가을 노래를 시작한다

두 번째 집

해가 저물어
돌아갈 곳이 있다는 것
그곳이 나의 첫 번째 집이라면
마음의 안식과
평온한 마음을 주는
어머니 품속을 기억으로
꺼내는 일은
나의 두 번째 집이 되었다
수시로 짓는
나의 두 번째 집
아련한 기억 한 줌 쿵쿵거리며
그 살내음을 맡으려
잠시 그 집으로 간다

봄, 벌써 혹은 이미

등짝 따스한 날
어제보다 한 뼘 더
보드라운 바람결에

해사한 매화 송이
개나리 노란 숨소리 들려오고
연분홍 노랫소리에 봄꿈을 꾼다

찾아 나서지 않아도
사방에 가득한 봄의 충만
찬란한 시간을 설렘으로 안고

스물세 살 무렵의 봄처녀는
겨우내 감추었던
첫 고백을 건넨다

많이 기다렸노라는 그 한마디에
진즉 봄은 마음에 와있었고
천지가 이미 봄이더라

기별(奇別)

빈손으로 돌아오는 저녁길
감나무 우듬지에 걸린
보름날 떠오른
하얀 달님은 당신 소식일까?

손 내밀면 닿을 듯
눈 감으면
아스라이 멀어졌다 다시 다가와
그렁그렁 눈물이 고여
이내 흐려지는 시야

잠시 나뭇가지가 흔들리고
날카로운 한기에
움츠린 나는
홀로
여기에 있기에

아침이 되어
그리움의 시간 속에
당신의 부재 소식으로
다시 걷는 겨울 길

오늘 하루에게

안녕
매일 만나는 하루야
우리는 언제나
오늘로 다시 만나지
약속은 없어도
어김없이 우린 마주하지

하늘에 대고
흑백사진을 찍을 때나
숨이 막히는 찜통더위에도
선선한 바람이 귓불을 간지럽히고
나도 모르게
습관적으로 하늘을 보는 계절에도
나에게 와주는 오늘 하루

우리는
언제나 다시 만나

독백

난 오늘도
습관적으로 무엇을 산다
아직 남아있는 생활의 모든 것들을
가득 쟁여 놓는다
결핍에 대한 영혼의 허기일까
가득 채워 놓으면
안심이 되고
충족된 배부름을 느낀다
이런 비경제적인 반복되는 습관에
내 생각은
항상 비만하다

부재

너를 떠올리면
공허한 시간
마음 안팎 풀어헤쳐
어느 끝
어디에 있는지
실종된 안부
마디마디 엮은 시간
스미는 향기마다
작은 사랑의 나래는 접히고
인연으로 피어날 꿈 빛은
빈 어둠뿐

간장게장

4일과 9일에 서는 온양 장날
시끌시끌한 어물전에
꽃게가 제철이라고 으스댄다
너른 바다를 안고
속살이 통통한 꽃게는
주인을 만날 채비에 바쁘다
한 마리라도 놓치지 않으려
저울 눈금은 매섭게 확인하고
간장게장을 떠올린다
짭조름하고 달짝지근한 간장에
자작하게 누워있는 꽃게
딱 맛이 든
사흘째 되는 날
하얀 쌀밥에 게딱지
천국이 따로 없는 꿀맛이다
온 식구가 가을을 삼킨 날
우리 집에 도둑이 들었다

시작노트

우리는 날마다 주어진 과제로

하루를 살아내는 인생입니다

기쁨과 슬픔도 마주하며

넓은 마음과 깊은 배려의 삶으로

모두를 사랑하며

따뜻한 세상이 되었음 좋겠습니다

이근복

경기도 양평 출생
『문학저널』 등단
한국바다문인협회 회원
공저 『이유가 없는 삶이 아름답다』 외 다수

꽃 따귀 맞고 싶은 날

이 근 복

햇살 가득한 베란다
차창 밖에 유혹
봄을 거절하기에는
아직 내 나이가 너무 젊다
물오른 초록
산수유 개나리 진달래
꽃망울 터지는 소리로 아우성이다
원미산 중턱에는
이미 연분홍 물결로 인산인해
키 큰 진달래꽃
그곳에 내가 서 있다
꽃 따귀 맞고 싶은 날
아버지가 내게 주신
아름다운 선물

냥이야 미안해(연서)

하늘이 온통 잿빛이다
곧 비가 쏟아지겠다
공원 한복판에 길냥이가
오도카니 앉아 있다
연고지도 없이 고단한 삶을
살아냈을 녀석
왜 여기에 있니?
내 다리 주변을 돌며
얼굴을 비벼댄다
절규의 몸짓이었으리라
편의점에서 소시지와 물을 가져와
물을 주니 조금씩 마신다
소시지는
입에 넣자마자 헛구역질을 해댄다
몸이 많이 아픈 모양새다
몸을 일으켜 풀숲으로 간다
난 그 자리에 정승처럼 서 있다
아무것도 해 줄 수 없는 현실
녀석이 눈에 밟혀
어제도 오늘도 찾아보지만
어디에서도 찾아볼 수가 없다
냥이야 미안해
아무것도 해줄 수 없었던 무능함
정말 미안하다 미안해

그리움 7

밤하늘에 피어나는 보름달에는
그리운 이들의 얼굴로 가득합니다
그 속에 담긴 사연을
나누고 싶은 밤이 오면
난 가만히 몸을 누입니다
세상에 머무를 수 없는 것들에 대하여
그저 헛웃음만 나오는 실소에 빠지고
여인을 바라보니
왠지 가여워 보입니다
흘러내리는 눈물을 주체할 수 없어
눈을 감습니다
당신이 유난히 보고 싶은 밤
무엇으로도 대체할 수 없지만
그래도 행복합니다
지난날의 추억이 전부이지만
보고 싶으면 언제든 꺼내 볼 수 있어
오늘도 추억을 담보로 살아갑니다

그리움 8

아직도 미련한 것들에 대해
아쉬움이 남아 있다는 건
계절에 대한 아픔이 남아 있다는 것이요
해마다 찾아오는
그 시간들을 기억함에 있습니다
오늘에 서 있고 어제를 떠올리며
지워지지 않는 사연 따윈
기억하고 싶지 않음에 있습니다
낡은 세월을 갉아먹음에도
채워지지 않는 허기
더 선명하게 떠오르는 아픔은
그대로의 아픔이기 때문입니다
끊어내야만 하는 시간들
많은 기억들을 이제 삭제합니다

헐렁한 계절

땅과 하늘 수직의 공간의
수를 놓았다
나의 마음을 훔치기에 충분한 계절
커피 마시기에 딱 좋은 날이다
노트북 하나 챙겨 들고 카페로 간다
아파트가 즐비한 도심 속에도
멋진 카페의 거리가 있다
카페마다 북적인다
구석진 자리 마음도 내려놓는다
입안 가득 퍼지는 깊은 맛
한 모금 머금고 창밖으로 시선을 주니
모퉁이 맞은편 꽃가게에는
소국이 가득하고
놀이터에는 파란 꿈들이 피어난다
선물로 다가온 기막힌 계절

속초항

바다와 하늘이
파스텔 톤으로 물들어 있다
닫혔던 가슴이 열리고
경이로운 풍광이 눈부시게 아름답다
온몸을 휘감아 치는 비릿함
하얀 포말이 밀려갔다 밀려오는
반복되는 파도와의 밀당
기분 좋은 행보를 안아주는 속초다
호텔 안 카페 뷰가 황홀 지경이다
눈으로 마시는 커피가
무엇인지 깨달아 가는 중
입안 가득 침전하듯 퍼져나간다
꿈꾸듯 달달한 사간
카페 창가에 커다란 화폭이 완성된다
호텔 카페 드리워진 석양이
마음을 흔들어댄다

6월의 꽃

아카시아 향이 만발한
동산 길을 날마다 동무들과
올랐던 기억이 있습니다
오늘 그 길을 내가 오르고
나풀거리던 나비 한 마리가
내게 다가왔을 때
꽃처럼 빛나던 소녀는
강산이 몇 번이나 바뀌었는지
모를 일입니다
거친 파도로 만들어진 몽돌
역사를 써 내려간 시간 속에서
노련한 중년의 삶이 묻어납니다
유년 시절의 추억은
나를 미소 짓게 하는 일
아카시아꽃이 여전히 만발합니다

가을비

밭을 일구며 씨뿌리는
농부의 마음은 언제나 풍년입니다
알곡을 살찌우는 농작물들은
주인의 발자국 소리에도
키가 자라고 알곡으로 채워갑니다
아직도 추수할 곡식이 가득한데
추수할 시기에 불청객이라는
한여름 밤에 꿈은 온데간데없습니다
농부들의 피와 땀의 결과물
환희와 기쁨의 춤을 추어야 하지만
가을비라니요
한숨과 시름의 골만 깊어 갑니다
이 시간 간절하게
두 손을 가슴에 모아봅니다
아버지 어찌하시렵니까

시작노트

가을이 섬돌 아래 귀뚜라미를 숨겨놓으면
달 밝은 밤마다 詩 읊는 소리 해맑다
몇 줄 훔쳐 와 하얀 종이에 널어놓으니
올 한 해도 시 농사 풍년이다
파도를 짝사랑한 갯바위처럼
하룻밤 영혼을 팔아 시 한 편 얻는다면
그 또한 남는 장사 아닌가,
스물세 번째 시향의 돛을 올린 시인의 바다여
대양으로의 꿈 세세연년 이어지기를…….

이기은

2006년 시, 2007년 수필, 2009년 시조 등단
한국바다문인협회 외 다수 문인협회에서 활동 중
시집 5권, 시조집 1권, 전자책 14권 집필
동인지 및 공저 시집 다수 발간

부레옥잠

이 기 은

가벼움을 담았지만
가볍지 않은 의미
푸른 부레에 담은 보라색 꿈
바람에 흔들리며 별의 언어 각인하며
조붓한 옹기의 벽 넘지 못해
반 토막으로 꾸다 만 꿈에
그래도
한낮 눈 부신 빛이
하고픈 말들을 모아 하얀 실뿌리로
내일을 그린다
가벼우면 떠남도 쉬울 것 같았지만
이별은 알지 못하는 단어여서 결코
옹기 밖의 일탈을 꿈꾸지 않았다
줄기 끝에 바램을 달아
수면에 투영한 일상
부풀린 삶에 허망이 매듭지어질지라도
부레 가득 담아내는 향기
하늘을 날고자 욕심을 부렸다면
얻지 못했을 이름자 앞에

가만히 잇댄 보라색의 일상은
늘 고요하였고 맑았으며
기다릴 줄 알았다.

물떼새

그녀의 다리는 볕뉘처럼 가늘다
목은 솟대를 꼭 닮았다
가녀린 목을 까딱까딱 흔들며 걷는 모습은
영락없는 내 어릴 적 기억 속 순이 모습이다
여름 햇볕 눌어붙은 강변에
달궈진 자갈 닮은 알을 낳은 그녀
거짓말 연습이 한창이다
자식 혹여 다칠세라
눞은 볕에 쪼그리고 앉아서 하품한다
아직도 처녀인 듯 다리를 꼬며 걷기도 한다
알껍데기에 자갈 옷 입힌 것부터
고차원의 위장술이다
저만치 집을 바라보며
이슬잠 자는 것도
세상을 현혹하는 엄마만의 능청스러운 몸짓이다
엄마는 원래 그런 것인 양
그녀의 뒤태에 빠져 당달봉사가 된 승냥이들
세상이 요지경 속이란 것을 절실하게
체험하게 될 것이다.

사리(舍利)

얼마나 모진 멍울이었으면
수 천도의 화염이 핥아도 그대로일까
열락의 도가니도 녹이지 못한
무덤덤한 형태
환희로 뭉친 결실이 아니기에
화려함을 입진 못해도
살아온 이야기,
생의 깊이와 부피를 정련하여
우주의 모습으로 담아낸 정화
새벽별의 지청구도
전봇대에 앉아 울던 삭풍의 채근도
발목에 감겨 질척대던
삶의 멍에까지도
뭉뚱그려 함축한 부드러운 빛깔
억겁의 삶들이 흔적으로 남긴
별이 된 생의 이야기 들을
타버린 재 속에서 골라내며
생의 덧없음을 묵언으로 설하고 있는
저 모닥불의 뒷모습이여
목탁 소리 여운은 세월을 돌고 돌며
윤회를 설하고 있다.

복수초

마른 자궁에서
목마른 탯줄로 전해지던 기도에는
연둣빛 꿈 배어있었다 들었습니다
한껏 호흡하는 동장군의
날카로운 휘파람 소리
궁극의 개화를 점칠 수 없는 점괘
모월 모일의 일기였습니다
기다림은 그리움이 낳은 풍경입니다
탯줄을 끊을 수 없는
삭풍의 시간이 길수록
더 깊숙이 자리한 꿈속의 풍경
심원처럼 멀게만 느껴졌습니다
깃털의 가벼움이 쌓여
단단해진 부엽의 땅 위에
칼날 같은 경계를 넘어온
계절의 색깔은 노랑이었습니다
이어지는 구애의 노래는
산을, 들을, 강을, 자지러지게 했고
떨림 속에 분명한 감촉으로 피어난
울음소리는

한 생명이 태어난 것이라 하기엔
부족하였습니다
긴 악몽을 깨운 주문이었습니다
우화를 꿈꾸던 계절의 환호였습니다.

재활용 선고를 기다리는

반상회 공고가 나붙은 날
침묵하는 가장들 뒷방에 가둬놓고
조잘대던 일상만 안주인 따라나선
한 달에 한 번 가는 달뜬 소풍날이다

폐일언하고 본론부터 펼치는 곰팡내 나는 처녀 적 이야기
밤엔 쌓았다가 아침이면 무너뜨린 만리장성 이야기
새침데기 아낙의 손에 끌려온 어린이집 다니는 꼬맹이
귓바퀴 쫑긋 모아 엿듣는 저녁

언젠가 죽부인을 내다 버린 무정한 남정네
한바탕 반상 재판 쓰나미에 소환된 후로
졸지에 세상에서 가장 나쁜 남자가 되었지만
단 한 사람 본인은 모르는 일이다

퇴행성관절염 앓던 교자상
늘 젖은 시간 업고 살아
추간판 탈출증에 시달리던 이동식 빨래걸이
치매에 걸린 벽시계 나란히 누워
떨어지는 별똥별 주워 삼키는 밤

늙은 경비원 판결 기다리는 구겨진 일상들 틈에
푸른 담배 연기 뿜어내던 반장 댁 남정네
아릿한 가슴 쓸어내리며 재활용 선고 기대하고 섰다

햇살이 밝아 그늘이 짙은 잠시
화두인 양 매달리는 무저항의 인도주의
다시금 햇볕 아래 쪼그리고 앉아 너는 각시, 나는 신랑
오순도순 소꿉 살림 차릴 날 다시 오리니.

신기료장수

허기진 삶들이 꿈 좇아 모여드는
오일장 언저리에 좌판 펴고 앉아
한 땀 한 땀 가난을 꿰매는 이

베잠방이 고무 냄새 흠씬 배도록
장사치들 악다구니 견디며
어제도, 오늘도 저 할 일만 할 뿐
세상 돌아가는 것엔 관심 둘 새가 없다

한 땀에 작은 아이 기성회비
한 땀에 큰아이 혼수 걱정
식구들 야윈 얼굴 떠올리 또 한 땀
어둠 살 덮이고도 한참
찌든 막걸리 냄새에 전다

둥지 찾는 밤새소리도 잦아들 즈음
호롱 불빛 등대 삼아
시오리 산모퉁이 되짚어올 제

마중 나온 딸아이 조그만 어깨 위에
고즈넉이 내려앉은 달빛
고샅길 쓸며 푸른 새벽을 꿈꾸고
웅크린 초가 아랫목엔 지아비 기다리는 정이
개다리소반 가득 온기로 피어난다.

등신불(等身佛)

몸이 편안하면 수행이 더디기에
지하철 역사 야멸찬 콘크리트 바닥에
마음을 눕다
술잔 마주치는 소리에 공명된 목탁
끝이 보이지 않는 터널 속으로 전하는 울림
세상의 번뇌를 덮으려
오직 한 길 밝혀줄 취중수행
육중한 철문도 벽도 없이
낡은 상자 하나로 구분 지은 구도의 벽
누군가 떨어뜨린 동전 한 닢에도
오체투지로 올리는 감사
죽비보다 날카로운 삭풍의 삿대질
여름옷 한 벌로 곱다시 견디는 동안거
낮은 곳에 엎딘 저 거룩한 이름
누가, 노숙자라 부르는가
화엄을 실천하려 저리 애쓰는 마음
갈고닦아 말간 웃음이 되기까지
고단한 육신에 덧쌓아가는 고행

천 번을 지나쳐도
그들이 곧 등신불임을 알지 못하는
어리석은 중생의 자조 섞인 눈빛 모아
가사 장삼을 대신하는 가난한 부처.

늙은 마술사

그는 검은색 망토를 길게 늘어뜨리고 있다
사실 그는 투명망토를 입었다
투명망토 안에 또 다른 검은 망토, 그리고 투명
이렇게 겹겹이 망토를 껴입었다
그러므로 늘 늙은 마술사는 검은 망토, 검은 모자, 금색 지팡이로 고착된 삶이다
한 꺼풀 투명망토를 벗으면 한 송이 장미가 핀다
비둘기 한 마리 자유 찾아 날갯짓할 때쯤 아마도 세 벌의 망토를 벗었으리라
날계란이 병아리로 우화 할 즈음엔 객석의 반은 눈을 감는다
남은 몇 벌의 망토를 희미한 미소로 세어본 마술사는
회심의 검을 뽑아 들고 서서히 아리따운 여인에게로 음흉한 미소를 보낸다
여남은 개의 칼날이 여인네를 찌르고는
검은 망토 하나 벗어던지며 보물 상자 같은 허공을 젖히고, 벽을 젖히고, 비릿한 웃음을 흘린다

순간 정적
날숨 들숨에 떨던 공기마저 는개 되어 가라앉는다
탄식이 들릴 때까지 시간은 영원이다
아직 몇 벌의 망토를 껴입고 있지만
오늘은 이만큼이면 성공이다
늙은 마술사의 수십 년 단련된 굳은살 박인 시치미는
화사한 별빛 되어 어둠을 수놓고 짝, 짝, 짝, 이어지는 박수에
고단한 허리를 편다
다시금 공허가 오기까지 검은 장막으로 가려진 무대
아리따운 여인네가 방긋 웃으며 나타났다.
그리고…….

시작노트

한 해가 지워져 간다
더해지는 것은 나이뿐이고
느끼는 것은 초라한
낡은 외투 한 벌
언제나 그랬듯
새로움은 신밧드의 모험
잃고 얻은 것이
소소하면 성공이다
네고의 풍년이 코앞에
어정대는 가을입니다

도균(導畇) 이 상 호

현대문학사조 시 · 시조 등단
한국문인협회 회원
바다문인협회 회장
현대문학사조 명예회장
청풍명월 정격시조 회원

저서

시집 『달빛 삼킨 돌이 걷는다』
시조집 『머그잔 속, 별들의 이야기』
공저 『이유 없는 삶이 아름답다』
　　『ㄱ.ㄴ.ㄷ.ㄹ의 만남』 외 다수

어화둥둥 장과 피부의 통곡의 노래

도균(導畇) 이 상 호

외출 후 언제나 손을 닦지
뽀도독 소리가 나도록
삼시세때 하얀 이밥에 소시지 등 인스턴트는 달지
세탁기는 옷을 깨끗이 빨아주니
온 세상이 깨끗한 세상

비누를 세제를 사용한 지
몇십 년밖에 안 됐다
보릿고개 시절 배고파
나무껍질을 씹고 고구마를
쓱쓱 옷에 문질러 흙도 먹고
소 돼지 닭 토끼는
친구처럼 같이 뒹굴고 살았지

자연 속에는 산소 질소 이산화탄소 헬륨
그리고 각종 비타민과 세균과 박테리아가 공생한다
선진국에는 암 당뇨 피부병 등 질병이 늘고 있다
아토피(我土避)는
흙을 피해 생겨난 피부병이다

장 속에는 유익 유해 중간균들이 25,15,60%
유지돼야 건강한 장이란다
인간도 자연의 일부
햇볕 쐬고
냇가에서 멱 감고 흙에서 뒹굴며
면역력을 키우며 살아야 건강해진다네
인간은 자연의 일부
자연에 몸을 섞어 자연의 일부로 돌아가자

은화과(隱花果)

꽃이 없으면 열매도 없다
과실나무가 아니지
양지바른 정원 구석에
가지가지에 친구처럼 옹기종기
매달린 꿀주머니
기다려도 기다려도 꽃은 안 보이네
꽃아 얼굴 좀 보여줘
달래고 얼래도 입을 꾹 다문 주머니
화낭 속에 무엇을 숨겼니

살금 슬금 남몰래 화낭 속에서
숨어 피는 꽃 수줍은 소녀인 양
세상 밖이 너무 궁금해
하지만 짹짹짹 깍 깍
너무 무서워

동그란 나뭇잎과 열매
신랑 각시처럼 알콤 달콤 살리라
꽃이 없는 것이 아니지
잎이 꽃이고 꽃이 잎이지
남들은 몰라
앙가슴 움켜 안고 몰래몰래
숨어 숨어 피고 피는 묘미
알록달록 빨간 꽃이 열매
꽃이 어여쁜 무화과(無花果)

민비어천지가(民飛御天地歌)

한글 최초 서적 용비어천가(龍飛御天歌)
"뿌리가 깊은 나무는 바람에 아니 흔들려
꽃이 좋으면 열매가 많이 열리고
샘이 깊은 물은 가뭄에도 그치지 않고
내를 이루어 바다까지 이룬다"
최초 국어사전 말모이
최초 소설 홍길동전

자음 14자 모음 10자
총 24자의 탄생과 여정이 빛을 발산하고 있다
괴나리봇짐 짚신 신고 과거 보러
별빛 따라 길을 찾던 10리 밖의 세상은
어떤 무엇도 모르던 호랑이 담배 피우던 옛날
수묵으로 그리고 활자로 책을 엮어 흘러 흘러

첨단 AI 시대 안방에서 세계와 우주를 본다
보고 듣고 쓰고 해야만
서로 소통할 수 있다
세계 언어학자가 AI와 조사한 결과
인간 간의 소통이 가장 우수한 언어가

한글로 발표되어 세계가 놀라고 이를 따르고 있다
K팝과 조방원과 반도체 생산의
일등국가 된 자랑스러운 대한민국
그리고 한글

용비어찬가는 6용(목조 익조 도조 환조 태조 태종)
왕들만 하늘을 날았지만
이젠 국민들이 날아 세계를 지배해야지

민비어천지가(民飛御天地歌)
K팝 걸그룹 헌트릭스가
밤잠 안 자고 악령과
맞서 싸우듯 온 국민들은 한글을 앞세워
공산을 무찌르고 평화로운 세상을
만들고 지배할 것이다
자랑스런 민족과 세계의 공통어
한글의 노랫소리여

꿈은 꾸는 것인가 찾는 것인가

돌다리 건너듯 동해와
서해를 낮과 밤으로
색상을 생성하는 원자들
모두 현실과 동떨어진 허공에
매달린 꿈을 그리워한다

시야에 보이는 것과
보이지 않는 것들
꿈은 미시적이고
현실은 가시적이다
그래서 우리는 날마다
꿈을 찾아 헤매고 있다

세세하기도 원대하기도 한
꿈은 어디에 있을까
나뭇잎 뒤에 숨어 있으면
손으로 뒤집어 보아야 하고
허공과 산속에 바다 물속에 있을 수 있기에
이대로 방구석에선 만날 수 없는 꿈
가슴을 활짝 열고
만나러

바람은 촛불을 끄지 않았다

어둠은 오지도 가지도 않는다
갔던 길 다시 돌아오는
길 위에 에고의 현실이 길게 누워 먼 하늘을 본다
태양이 동해에서 떠오르고 붉은 노을
그리며 서해로 숨어든다는 것은
도시에선 알 수가 없으니
모두 거짓말이다

지구 축이 하루에 한 바퀴 돌기 때문
한쪽이 기울어 낮이면
반대는 밤이다
만약 지구 자정이 고장 나면
한쪽은 새까맣게 타 죽고
반대는 하얗게 동태가 되어
바람만 윙윙 살아갈 것이다
돈과 명예도 사랑까지도
머물다 사라지는 신기루인가
시냇물이 바다로 흘러가는 과정에서만
유효할 뿐이다
촛불은 양초가 녹으니 바람을 부른 것이다

연꽃과 수련

언제부터 물은 고였나
연못에는 연과 수련이 같이 살고 있다
연꽃은 수면 위로 커가고
수련은 수면에서만 잎을 커다랗게 키운다

물과 기름
연잎에 또르르 빗방울 뭉쳐 굴러간다
연잎은 물이 싫다
수련은 물을 좋아하고
한여름 연못에는 연꽃 향기와 풍경이
텅 빈 하늘에 가득하다

볏 잎도 물을 싫어 하지만
장미 꽃잎은 물방울을 포박한다
선인장은 물을 흡수한다
장소와 기후에 따라 식물들은 살기 위해
스스로 진화된 현상이다

각각 잎에는 수천 나노의
작은 돌출이 있다
물을 보내느냐 잡느냐가 살고 죽음이다
나노 입자 도입 진화는 계속된다
식물들은 햇볕과 물이 주식이다

넓은 호수를 바라보고 둘러보니 허기가 진다
잡식성이니 무엇이든 먹고 마실 수 있는 인간
자동차 바퀴 건물의 유리창 비누 샴푸 세탁기
인간의 지문이 없으면 감촉을 못 느끼듯
첨단 산업 눈에 비친 모든 것은
각각 편리함을 위해 진화된 나노 돌기의 희생이다

오늘은 물이고 내일은 기름이기도 하지만
우리들 덧없는 늙음과 세월은 어떻게 진화는
연잎이 될까 수련잎이 될까

달에게 보내 줘

은은한 달빛은 언제나 편안하다
현실을 복잡해
잠자리 날개라도 빌려 타고
달님에게 가고 싶다
집단의 생활
뭉치면 살고 흩어지면 죽는 치열한 경쟁 사회
어느새 체력의 고갈 의지도 실종되고
둘이도 부담이다 홀로가 편안하다

산으로 바다로 의견도 필요 없는
독신의 행위가 솟대처럼 오뚝하다
고독해야 시인이다
한 줄 시도 협의해서 얻을 수 없으니

무서운 AI 데이터를 업그레이드된
AGI가 심리까지 읽고 창조한다고
곧 선 보인다 하니
인간이 기계에게 지배당해
폐기 소각될 수 있다

조용한 바닷가
외딴섬의 갈매기가 부럽기에
쓸쓸히 달빛 비추는
고독한 달에게 가고 싶다
기계가 무서워는 아니다
평화의 지혜가 궁금해
바람아 불어라
훨훨 날아 달처럼 자유와 고독을 즐기고 싶다

거꾸로 거꾸로

만물 가는 길엔 정도가 있다
배가 산으로 가면 폐선이 되고
인간은 에움길을 좋아하지
해마다 봄꽃은 새봄을 알리고
눈꽃으로 흐트러져 길을 갔다

텃밭엔 먹거리 정원엔 나무만 심는다
워라밸 자리엔 순리가 필요하다
부모 세대 가난을 벗고자
전 세계 몸을 던지고
우수 학생을 미국 유학을
보내 인재를 양성하고

새마을 협동 정신으로
한강의 기적을 일궈냈는데
그 누가 과거를 파시즘이라 말하나

요즘 천재 수재들은
손에 피 묻히는 백정의 길을 가고
미래 인간은 기계에 대치되는
물리 디지털 생물 세계가 어우러지는

4차 산업이 인류를 이끄는데
미래 없다 물질만 쫓는 젊은이
저성장 결핍의 시대이거늘
국가 미래는 거꾸로 거꾸로 걷고 있다

시작노트

인생의 거친 고비 길 지난
잘 다져진 평형 길 정점에서
　내리막길을 들어선 지금
　걷잡을 수 없는 내리막길을
　더 잘 살피고 조심해서
　　인생 이막 나머지 인생길
　　먹 향의 진실을 밝혀 가는
　　정겨운 시심을 펼치며 살리라

청송 이정석

2006년 『문예사조』 시 등단
2010 자랑스런 한국인 문학부문 대상 수상
2018 한국청소년신문 청소년지도자 문학부문 대상 수상
2019 물향기문학상 아름다운 문학인상 수상
2023 삼일절기념 및 8·15 광복절기념 삼행시 문학상 대상 수상
제4회 소리백일장 장원 수상
청명문학상 연담작가상 수상

공저
『육필 시집』, 정격시조 동인 시집 외 다수

호미의 꿈

청송 이 정 석

얼룩진 삶 속에서 힘깨나 쓰며
나무 빠개는 선수로 살길 수십 년
날렵한 몸놀림이 예전 같지 않아
뒷전에 방치된 삶을 잠시 살았다

식어버린 내 삶에 뜨거운 불꽃이 피어
기진맥진 얻어맞고 새 기를 넣는
대장장이 손길을 만나
무딘 도끼에서 예리한 호미로
탈바꿈해 살게 되었네

모든 게 넉넉한 농부님 손아귀 사랑으로
논과 밭에서 잡초를 잡는 왕이 되어
큰소리 탕탕 치며
제 이의 인생을 살련다

숯불

차갑게 검은 얼굴의 숯이지만
그 속엔 따뜻한 불씨 하나 숨 쉬고 있다.

한 줄기 바람
응원하는 손길 만나면
한순간 불꽃이 피어올라
죽었던 심장이 다시 뛰는 너

검은 죽음 속에 살아 있는 삶,
밥 짓고 국 끓이고 고기 굽는 너
꺼질 듯 꺼지지 않는 붉은 고백 속에서
내 하루 삶을 배불리며 산다네.

철길

가까워도 닿을 수 없는 거리
닿지만 손을 잡아도 안 되는 거리
잘 보이면서도 눈을 감아야 하는 운명

잘 알면서도 모른 척 되돌아 눕고
처음 만난 것처럼 서먹서먹한 거리
그러기에 더 간절해
두 눈동자만 반짝이는 너

너의 존재로 국토가 하나로 연결돼
단절된 길이 열려
큰 재회 기쁨의 기적 소리가
금강산을 지나 백두산까지
우렁차게 번져 나가길 바람 해 본다네

꽃 당신

꽃을 보면 볼수록 오래 보고 싶어지듯

그대를 보면
오래 보고 싶어지는 게
당신이 꽃처럼 보이기 때문입니다

똑바로 보고 있으면
향내가 나는 꽃처럼
고운 당신으로 보이기 때문입니다

영원히 시들지 않는
본능의 웃음꽃으로
나를 지켜 주고 있기 때문에
나도
당신을 사랑합니다
영원히

분수대

힘들여 솟구친 만큼
가혹하게 떨어지는 네 운명

솟구침에 환호성도 잠시뿐
수면과 평행선이 되면 그만인 내 삶

순간의 높은 자리 욕심과
낙마가 대조되는 걸 널 보고 알았네

갑자기 높은 자리 군림하다
낙마해 지탄받는 사람들
지면에 내려와도 나처럼
편하지 않다는 걸

계단을 밟지 않고 올라간 자리는
순간의 자리일 뿐
영원한 삶이 없다는 것을
너를 보며 알게 되었네

가을 전어와 부모님

멋보다는 맛
금강산도 식후경
가을 전어 철입니다

가을이면
단풍보다 먼저 찾아와
제자리라고 눕는 전어
회로 먹고 구워 먹는 맛이
천하 일미

전어회의 고소한 맛 아버지의 투박한 손으로
손수 썰어 주시던 그 맛
초고추장에 푹 찍어
소주 한 잔 나누던 가을 추억
전어구이는
노릇노릇하게 구워 주시며
고운 소금 솔솔 뿌려 주시던
우리 어머니 사랑이 담긴 정성의 맛

전어 철이면
그리워지는 아버지와 어머니
사랑의 맛을 더 즐기고픈 계절입니다

어머니 아버지 보고 싶어요
사랑합니다

거문고

바람을 가로지른
휘날림 도포자락

지친 혼 애절함이
이음새 없는 연주

떨리는
현의 울음이
천년 소리 전한다

대나무

빈 공간
채우려는
욕심이 없이 산 너

마디의
힘을 채워
살아온 청백리 삶

대쪽의
선비 정신이
늘 푸르게 빛난 너

시인의 바다 제23집 — 호미의 꿈

한국바다문인협회

인쇄 1판 1쇄 2025년 11월 13일
발행 1판 1쇄 2025년 11월 20일

지 은 이 : 한국바다문인협회
펴 낸 이 : 김천우
펴 낸 곳 : **문학세계** 출판부 / 도서출판 **천우**
등   록 : 1992. 2. 15. 제1-1307호
주   소 : 서울시 광진구 구의강변로 85 강우빌딩 7F
전   화 : 02)2298-7661
팩   스 : 02)2298-7665
http://cafe.naver.com/chunwu777
E-mail : cw7661@naver.com

ⓒ 한국바다문인협회, 2025.

값 12,000원

＊도서출판 천우와 저자의 서면 동의 없는 무단 전재 및 복제를 금합니다.
＊저자와의 협의에 따라 인지는 생략합니다.

ISBN 978-89-7954-972-0